Introduction

We wrote this book as a follow-on to the Learn Hindi series of activity books. This addresses the needs of students who have mastered basic Hindi vocabulary and grammar, and are looking for short reading passages to improve their comprehension of the Hindi language.

Each story provides a factoid about a legendary or historical person in ancient India. The story is followed by a brief vocabulary list which provides the meaning of selected words used in the story. The same word can have different meanings in different contexts, and the vocabulary following each story provides the appropriate word meaning in the context of the story. The choice of the stories was made to give the reader a glimpse of Indian culture.

Each story is followed by a few simple questions and exercise activities which provide a way for the student to check how well they have understood the story. The questions are simple and generally associating the question to a specific sentence or phrase in the story would provide the answer. The answers to all the activities are provided at the end of the book, so that the students can validate their answers.

Hand over a pencil to the student with this book and see how it turns learning Hindi into an enjoyable pastime.

Chanda Books
Email: chandabooks@optonline.net
Web: http://www.chandabooks.com

विषय-सूची

भरत

भारत शब्द का मतलब है – भरत की संतान। जहां भरत की संतान रहती है, उस देश का नाम भारत है। पर वह भरत कौन थे जिसके उपर इतने बड़े देश का नाम रखा गया है।

भरत पुराने समय के एक राजा थे। उनका राज हिमालय पर्वत से लेकर समुंदर तक फैला हुआ था। उन्हे महान राजा माना जाता है और महाराज भरत के नाम से जाना जाता है।

महाराज भरत बहुत बड़े वीर थे। कहा जाता है कि बचपन में वह शेरों का मुंह खोल कर उनके दांत गिनते थे।

शब्द सूची

खोल	open	मतलब	meaning
गिनते	count	महान	great
दांत	teeth	महाराज	great king
देश	country	राज	kingdom
पर्वत	mountain	राजा	king
पुराने	olden	वीर	brave
फैला	spread	शेरों	lions
बचपन	childhood	समय	time
बड़े	big	समुंदर	ocean
बहुत	very	संतान	children

भरत

1. भारत शब्द का मतलब क्या है?

_____

_____

_____

_____

2. भरत कौन थे ?

_____

_____

_____

भरत

3. भरत का राज कहाँ तक फैला हुआ था?

_____

_____

_____

_____

4. महाराज का क्या मतलब होता है?

_____

_____

_____

भरत

5. भरत बचपन में किसके दांत गिनते थे? सही जवाब को घेर दो।

6. भरत के राज में कौन पर्वत था? सही जवाब को घेर दो।

हिमालय　　　　**रौकी**　　　　**एंडिज**

आल्पस　　　　**मेरु**　　　　**स्मोकी**

भरत

दांत	पुराने	वीर	संतान	हिमालय

उपर दिये हुये शब्दों से नीचे दिये हुये वाक्यों को पूरा करो।

7. भरत की —————— को भारत कहते हैं।

8. भरत —————— समय में राजा थे।

9. महाराज भरत बहुत ही —————— थे।

10. भरत के राज्य में —————— पर्वत था।

11. बचपन में भरत शेर के —————— गिनते थे।

मनु

हम सब मानव जाति के हैं। मानव का मतलब है – मनु की संतान। पुरानी किताबों में लिखा है कि आज के सभी लोगों के पूर्वज मनु हैं। मनु दक्षिण भारत में कहीं रहते थे।

मनु ने एक छोटी मछली को पाला था। जब मछली बहुत बड़ी हो गई तो मनु ने उसे समुंदर में छोड़ दिया। एक दिन बहुत बड़ी बाढ़ आई जिसमें बहुत सारे लोग डूब गये। मनु को डूबने से उस मछली ने बचा लिया।

कुछ समय बाद मनु को बाढ़ से बची एक स्त्री - श्रद्धा मिली। उनकी संतान मानव कहलाई।

शब्द सूची

आज	present	बड़ी	big
कहलाई	was called	बाढ़	flood
कुछ	some	मछली	fish
जाति	species	मतलब	meaning
डूब	drown	मानव	human
दक्षिण	South	संतान	children
पाला	raised	सब	all
पुरानी	old	समुंदर	ocean
पूर्वज	ancestor	स्त्री	woman

मनु

1. मनु को किसने बचाया था? सही जवाब को घेर दो।

2. मनु कहाँ रहते थे? सही जवाब को घेर दो।

उत्तर भारत   **दक्षिण भारत**

लंका   **अमेरिका**

मनु

3. मानव शब्द का मतलब क्या है?

_____

_____

_____

_____

4. मनु ने किस जानवर को पाला था ?

_____

_____

_____

मनु

5. मनु ने मछली को समुंदर में क्यों छोड़ा?

_____

_____

_____

_____

6. मनु के अलावा बाढ़ से कौन बचा था?

_____

_____

_____

मनु

7. बायें तरफ के शब्दों को दायें तरफ के उल्टे मतलब वाले शब्द से मिलाओ।

बायें तरफ के शब्द	**दायें तरफ के शब्द**
1. छोटी	I. संतान
2. पूर्वज	II. बड़ी
3. दझिण	III. सूखा
4. स्त्री	IV. पुरुष
5. कुछ	V. उत्तर
6. बाढ़	VI. सब

पृथु

जिस ग्रह पर हम सब रहते हैं, उस ग्रह का नाम पृथ्वी है। कहा जाता है कि पुराने जमाने में एक राजा पृथु हुआ करते थे। पृथु ने सारे ग्रह की जमीन पर अधिकार कर लिया और इस ग्रह का नाम पृथ्वी पड़ गया।

महाराज पृथु ने जमीन को समतल कर के प्रजा को खेती करना सिखाया। उन्होने समाज के पहले नियम बनाये और यात्रा के लिये रास्ते बनाये। तीर और धनुष का आविष्कार भी पृथु ने किया था।

पृथु दुनिया के पहले राजा थे।

शब्द सूची

अधिकार	control	पुराने	ancient
आविष्कार	invention	प्रजा	subjects
खेती	farming	बनाये	made
ग्रह	planet	तीर	arrows
जमाने	age	यात्रा	travel
जमीन	land	रास्ते	roads
दुनिया	world	समतल	even
धनुष	bow	समाज	society
नियम	laws	सिखाया	taught

पृथु

1. हमारे ग्रह का नाम पृथ्वी क्यों है?

_____

_____

_____

_____

2. दुनिया का पहला राजा कौन था?

_____

_____

_____

पृथु

3. महाराज पृथु ने क्या काम किये थे?

_____

_____

_____

_____

_____

_____

_____

पृथु

4. किस चीज का आविष्कार पृथु ने किया था? सही जवाब को घेर दो।

पृथु

5. किस चीज का नाम पृथु पर रखा गया है? सही जवाब को घेर दो।

सावित्री

सावित्री एक राजकुमारी थी। वह बहुत ही सुंदर थी। एक दिन वह रथ से घूम रही थी तो उसकी भेंट सत्यवान नाम के लड़के से हुई। सत्यवान एक गरीब लकड़हारा था। सावित्री को सत्यवान पसंद आ गया।

पिता के विरोध करने पर भी सावित्री ने उन्हे मना कर सत्यवान से शादी कर ली। शादी के कुछ दिनों बाद सत्यवान को मारने के लिये यमराज आ पंहुचे। पर सावित्री ने अपनी चतुराई से सत्यवान की जान बचा ली।

अपने साहस, चतुराई और पति प्रेम के लिये सावित्री को एक महान नारी माना जाता है।

शब्द सूची

गरीब	poor	महान	great
घूम	roam	मारने	kill
चतुराई	cleverness	यमराज	Death
जान	life	रथ	chariot
नारी	woman	राजकुमारी	princess
पति	husband	लकड़हारा	woodcutter
पसंद	liked	विरोध	opposition
पिता	father	शादी	marriage
प्रेम	love	साहस	courage
भेंट	meet	सुंदर	beautiful

सावित्री

1. सावित्री कौन थी?

_____

_____

_____

_____

2. सावित्री के पति का नाम क्या था?

_____

_____

_____

सावित्री

3. सावित्री के पति क्या काम करते थे?

_____

_____

_____

4. सावित्री को महान नारी क्यों माना जाता है?

_____

_____

_____

सावित्री

5. सावित्री किस तरह की सवारी में घूमती थी? सही जवाब को घेर दो।

सावित्री

6. सत्यवान के पास कौन सी चीज हो सकती थी? सही जवाब को घेर दो।

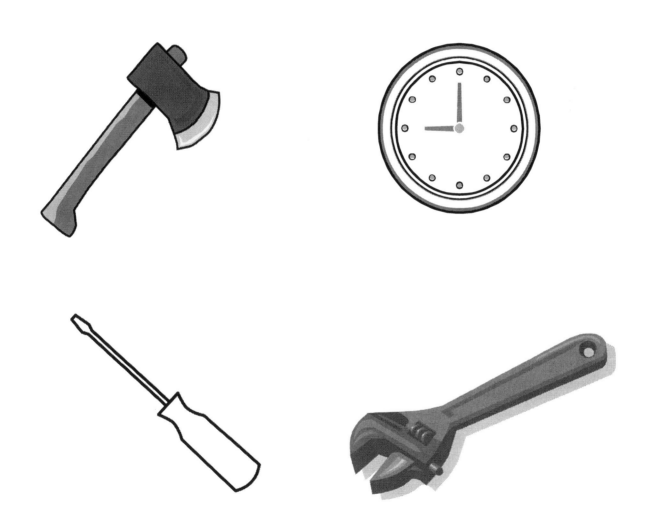

राम

राम अयोध्या के राजकुमार थे। उनके पिता दशरथ ने सौतेली माँ कैकेयी को मनचाही मांग देने का वादा किया था। कैकेयी ने राम को चौदह साल तक जंगल भेजने की मांग की।

बेकसूर होते हुये भी राम पिता के वचन को पूरा करने के लिये वन चले गये। उनकी पत्नी सीता और छोटे भाई लक्ष्मण भी राम के साथ चल दिये।

वन में दुष्ट रावण सीता को उठा कर ले गया। भालू और बंदरों की सहायता से राम ने सीता को खोजा। अपने दुश्मन रावण को हरा कर राम और लक्ष्मण ने सीता को बचाया। तीनो अयोध्या वापस आये। राम अयोध्या के राजा बन गये।

शब्द सूची

उठा ले गया	kidnapped	भाई	brother
खोजा	searched	भालू	bears
छोटे	younger	मनचाही	desired
दुश्मन	enemy	राजकुमार	prince
दुष्ट	evil	वचन	promise
पत्नी	wife	वादा	promise
पिता	father	सहायता	help
बंदरों	monkeys	साल	years
बचाया	rescued	सौतेली माँ	stepmother
बेकसूर	innocent	हरा कर	defeat

राम

1. राम के पिता कौन थे?

_____

_____

_____

2. राम की पत्नी का नाम क्या था?

_____

_____

_____

राम

3. राम को वन में कितने समय रहना पड़ा?

_____

_____

_____

_____

4. सीता को कौन उठा कर ले गया था?

_____

_____

_____

राम

5. राम ने सीता को बचाने के लिये किस की मदद ली थी? सही दो जवाबों को घेर दो।

6. राम कहाँ के राजा थे? सही जवाब को घेर दो।

अयोध्या   **वन**

लंका   **कैकय**

राम

7. बायें तरफ के शब्दों को दायें तरफ के सही जवाब से मिलाओ।

बायें तरफ के शब्द	दायें तरफ के जवाब
1. राम की पत्नी	I. रावण
2. राम की सौतेली माँ	II. सीता
3. राम के पिता	III. लक्ष्मण
4. राम के भाई	IV. दशरथ
5. राम के सहायक	V. कैकेयी
6. राम का दुश्मन	VI. बंदर

वाल्मिकी

वाल्मिकी एक मुनि थे। एक दिन वह नहाने के लिये नदी की ओर जा रहे थे। रास्ते में उनको एक चिड़ियों का जोड़ा दिखा। दोनो नाच रहे थे और एक दूसरे के साथ खेल रहे थे।

वाल्मिकी जोड़े को देख कर खुश हो रहे थे। अचानक एक शिकारी ने आकर उस जोड़े पर तीर चला दिय। चिड़ा मर गया और चिड़ी चीखती हुई भाग गई। दुःख से वाल्मिकी के मुख से शिकारी की निंदा करते हुये दो पंक्तियाँ निकल गईं। यह संस्कृत की पहली कविता थी।

इन्ही वाल्मिकी ने आगे चल कर रामायण को लिखा था। रामायण राम की कहानी है।

शब्द सूची

अचानक	suddenly		नदी	river
आगे चलकर	in future		नहाने	bath
कविता	poem		नाच	dance
चिड़ा	male bird		निंदा	criticism
चिड़ियों	birds		पंक्तियाँ	poem lines
चिड़ी	lady bird		पहली	first
चीखती	screeching		मुख	mouth
जोड़ा	pair		मुनि	hermit
तीर	arrow		रास्ते	path
दुःख	sorrow		शिकारी	hunter

वाल्मिकी

1. वाल्मिकी नदी की तरफ क्यों जा रहे थे?

_____

_____

_____

_____

2. वाल्मिकी को क्या दिखाई दिया?

_____

_____

_____

वाल्मिकी

3. वाल्मिकी को दुःख क्यों हुआ?

_____

_____

_____

_____

4. वाल्मिकी ने कौन सी किताब लिखी थी?

_____

_____

_____

वाल्मिकी

5. वाल्मिकी ने किस तरह के जानवर को देख कर पहली कविता लिखी थी? सही जवाब को घेर दो।

वाल्मिकी

6. नीचे दिये हुये गोलों में इन शब्दों को ऐसे भरो कि हर शब्द अपने से जुड़े सवाल का जवाब बन जाये - रामायण, कवि, शिकारी।

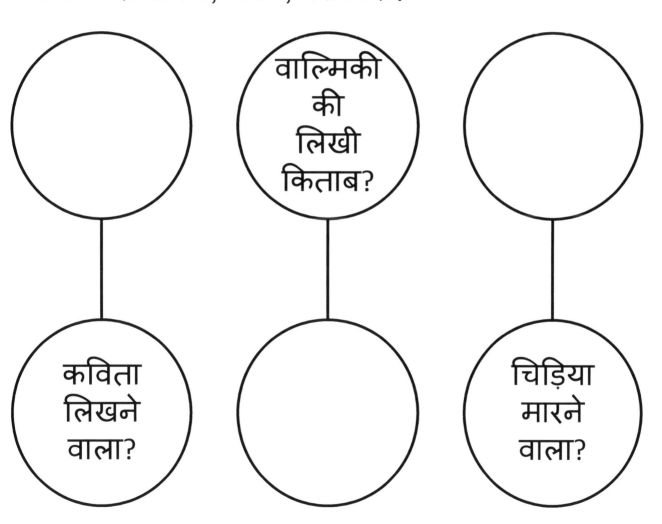

सिद्धार्थ

राजकुमार सिद्धार्थ महल के बगीचे में टहल रहे थे। राजकुमार को एक सुंदर हंस आसमान में उड़ता दिखाई दिया। अचानक वह हंस सिद्धार्थ के सामने गिर पड़ा। किसी ने उसे तीर मार दिया था।

सिद्धार्थ ने तीर निकाल कर हंस की मरहम-पट्टी की और उसकी जान बचाई। इतने में राजकुमार देवदत्त वहाँ आ गया। हंस को तीर उसने मारा था। उसने हंस को मांगा पर सिद्धार्थ ने हंस देने से मना कर दिया। दोनों राजकुमार आपस में झगड़ने लगे।

मामला राजा के पास पंहुचा। राजा ने कहा कि मारने वाले से अधिक हक बचाने वाले का होता है। हंस सिद्धार्थ के ही पास रहा।

शब्द सूची

अचानक	suddenly	महल	palace
आसमान	sky	मांगा	demanded
उड़ता	flying	मामला	affair
झगड़ने	arguing	मार दिया	shot
टहल	stroll	राजकुमार	prince
तीर	arrow	राजा	king
बगीचे में	in garden	सुंदर	beautiful
मना	refuse	हंस	swan
मरहम-पट्टी	bandage	हक	right

सिद्धार्थ

1. सिद्धार्थ कहाँ टहल रहे थे?

_____

_____

_____

_____

2. हंस आसमान से क्यों गिरा था?

_____

_____

_____

सिद्धार्थ

3. राजा ने हंस सिद्धार्थ को क्यों दे दिया?

_____

_____

_____

_____

_____

_____

_____

_____

सिद्धार्थ

4. सिद्धार्थ और देवदत्त किस चिड़िया पर झगड़ रहे थे? सही जवाब को घेर दो।

सिद्धार्थ

5. नीचे दी हुई पहेली में इन शब्दों को खोजो। हर शब्द बायें से दायें या उपर से नीचे जाता है। पहला शब्द उदाहरण की तरह दिखलाया गया है।

सिद्धार्थ	देवदत्त	हथियार	सुंदर
हंस	राजकुमार	झगड़ने	हक

रा	ज	ह	थि	र	दे	त्त	झ	ग	ड़
ज	दे	थि	या	र	सि	द्धा	ह	थि	रा
दे	दे	या	सि	द्धा	र्थ	या	द्धा	सुं	ज
व	व	कु	द	र्थ	र	व	ह	द	कु
द	द	मा	र	व	ह	थि	या	र	मा
क	त्त	र	क	द	क	सि	द्धा	मा	र
द्धा	सुं	ज	व	त्त	ह	थि	या	द	कु
या	द	हं	स	या	ह	झ	ग	ड़	ने

बोपदेव

पुराने जमाने के भारत में बच्चे अपने गुरु के घर में रह कर पढ़ाई करते थे, जैसे आजकल कुछ बच्चे होस्टल में रह कर करते हैं। ऐसा ही एक बच्चा बोपदेव था। पर बोपदेव को गुरु का पढ़ाया कुछ समझ नही आता था।

एक दिन गुरु ने बोपदेव को डांट दिया कि तेरे सर में दिमाग नहीं, पत्थर है। बोपदेव को बात लग गई और वह गुरु के घर से भाग गया। दिन भर इधर उधर घूमने के बाद थक कर एक कुयें के पास बैठ गया। कुयें के चारों ओर पत्थर की मुंडेर थी। बोपदेव ने देखा कि उस पत्थर पर कुछ गहरे निशान बने थे।

बोपदेव

बच्चे को कुयें के पास बैठा देख कर एक औरत उसे पानी पिलाने के लिये रुक गई। बोपदेव ने उससे पूछा कि पत्थर पर वह गहरे निशान कैसे बने।

औरत ने बतलाया कि पानी निकालते हुये रस्सी से लगातार घिसते घिसते वह निशान बने थे। बोपदेव ने सोचा कि अगर मुलायम रस्सी से कठोर पत्थर कट जाता है तो लगातार मेहनत से उसके पत्थर जैसे दिमाग पर भी असर पड़ेगा।

बोपदेव गुरु के घर लौट गया और मेहनत करने लगा। बड़ा होने कर वह बहुत प्रसिद्ध ज्ञानी बना।

शब्द सूची

असर	affect	निशान	mark
औरत	woman	पत्थर	stone
कठोर	hard	प्रसिद्ध	famous
कुयें	water well	बच्चे	children
गहरे	deep	मुंडेर	boundary
गुरु	teacher	मुलायम	soft
घिसते	friction	मेहनत	work
ज्ञानी	scholar	रस्सी	rope
डांट	scold	लगातार	regularly
दिमाग	brains	समझ	understand

बोपदेव

1. बोपदेव गुरु के घर से क्यों भागा था?

_____

_____

_____

_____

2. बोपदेव थक कर कहाँ बैठा था?

_____

_____

_____

बोपदेव

3. बोपदेव ने औरत से क्या सीखा?

_____

_____

_____

_____

_____

_____

_____

बोपदेव

4. नीचे दिये हुये गोलों में इन शब्दों को ऐसे भरो कि हर शब्द अपने से जुड़ी चीज का सही गुण बताये - मुलायम, कठोर, मेहनती।

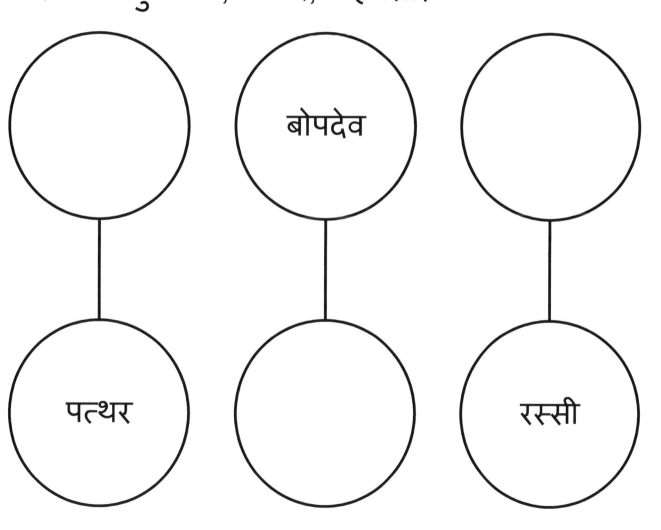

पतंजली

पतंजली पुराने जमाने के एक प्रसिद्ध ज्ञानी थे। एक दिन वह सागर किनारे घूम रहे थे तो उन्हे एक सड़ा नारियल दिखा। उससे सागरतट की सुंदरता बिगड़ रही थी। पतंजली ने उसे सागर में फेंक दिया। पर सागर की लहरों ने उसे वापस फेंक दिया।

पतंजली को ताज्जुब हुआ कि इतना बड़ा सागर एक छोटे नारियल को लेने के लिये तैयार नहीं। पर कुछ देर के बाद वह समझे कि अगर सागर एक एक कर के छोटी खराबियाँ लेता रहा तो वह भी गंदा हो जायेगा। पतंजली का कहना है कि आदमी को अपना मन सागर जैसा निर्मल रखना चाहिये और छोटी खराबी को भी निकाल फेंकना चाहिये।

शब्द सूची

किनारे	side of		प्रसिद्ध	famous
खराबी	bad habit		फेंक	throw
जमाने	period		बड़ा	big
ज्ञानी	scholar		लहरों	waves
ताज्जुब	surprise		वापस	back
तैयार	ready		सड़ा	rotten
नारियल	coconut		सागर	sea
निर्मल	clean		सागरतट	seacoast
पुराने	old		सुंदरता	beauty

पतंजली

1. पतंजली कहाँ घूम रहे थे?

_____

_____

_____

_____

2. पतंजली को घूमते समय क्या मिला?

_____

_____

_____

पतंजली

3. पतंजली ने सागर से क्या सीखा?

_____

_____

_____

_____

_____

_____

_____

पतंजली

4. पतंजली ने क्या देखा था? सही जवाब को घेर दो।

5. पतंजली कहाँ घूम रहे थे? सही जवाब को घेर दो।

पतंजली

6. बायें तरफ के शब्दों को दायें तरफ के सही जवाब से मिलाओ।

बायें तरफ के शब्द	दायें तरफ के जवाब
1. हर खराबी को	I. सड़ा नारियल
2. सागर का किनारा	II. सागरतट
3. जाना माना इंसान	III. लहर
4. पानी का उतार चढ़ाव	IV. सागर
5. पानी का बड़ा इलाका	V. प्रसिद्ध
6. सुंदरता बिगाड़ने वाला	VI. निकाल फेंकना चाहिये

कृष्ण

मथुरा के राजा कंस को किसी ज्योतिषी ने कह दिया था कि उसका भांजा उसे मार देगा। डर कर मूर्ख और क्रूर कंस ने अपनी बहन देवकी को कैदी बना लिया ताकी वह पैदा होते ही बच्चे को मार दे।

उस बच्चे कृष्ण के जन्म लेते ही उसके पिता वसुदेव उसे यमुना नदी के पार गोकुल में नंद ग्वाले के पास छोड़ आये। नंद की पत्नी यशोदा उसे अपने बेटा समझ कर पालने लगी।

दुष्ट मामा कंस ने कृष्ण को मारने की बहुत कोशिश की पर कृष्ण हमेशा बच गये। बड़े होकर कृष्ण ने कंस को हरा कर अपने माँ और पिता को आजाद किया।

शब्द सूची

आजाद	free		नदी	river
कैदी	prisoner		पत्नी	wife
कोशिश	attempt		पैदा	at birth
क्रूर	cruel		बहन	sister
ग्वाले	cowherd		बेटा	son
ज्योतिषी	astrologer		भांजा	nephew
डरकर	afraid		मामा	uncle
ताकी	so that		मूर्ख	foolish
दुष्ट	evil		हरा	defeat

कृष्ण

1. मथुरा और गोकुल के बीच में कौन सी नदी है?

_____

_____

_____

_____

2. कृष्ण को किसने पाला था?

_____

_____

_____

कृष्ण

3. कंस को मूर्ख और क्रूर क्यों माना जाता है?

_____

_____

_____

_____

_____

_____

_____

कृष्ण

4. वसुदेव ने कृष्ण को कहाँ और क्यों छोड़ा?

_____

_____

_____

_____

_____

_____

_____

कृष्ण

5. नीचे दिये हुये गोलों को ऐसे भरो कि हर नाम कृष्ण से वह रिश्ता रखे जो उससे जुड़े गोले में है।

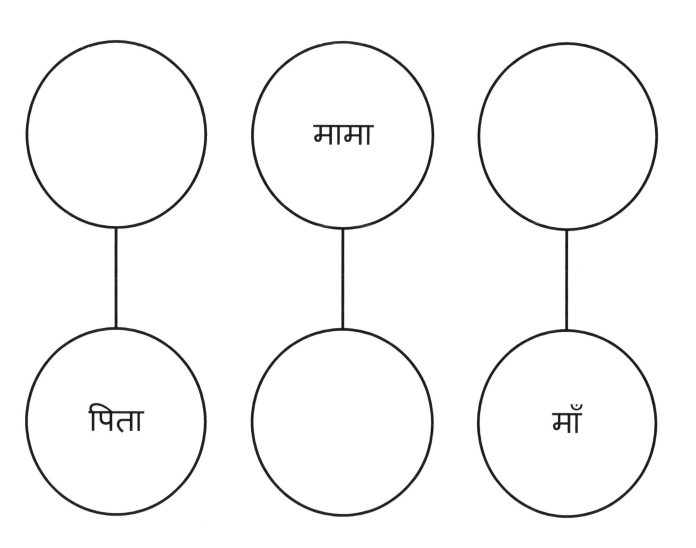

कृष्ण

6. बायें तरफ के शब्दों को दायें तरफ के सही जवाब से मिलाओ।

बायें तरफ के शब्द   **दायें तरफ के जवाब**

1. कंस की बहन   I.   वसुदेव

2. मथुरा के पास की नदी   II.   कृष्ण

3. नंद का काम   III. देवकी

4. नंद की पत्नी   IV. गाय पालना

5. कंस को हराने वाला   V.   यमुना

6. देवकी का पति   VI. यशोदा

कृष्ण

7. नंद और यशोदा के घर में कृष्ण ने किस तरह के जानवर को पाला होगा? सही जवाब को घेर दो।

विदुला

सौवीर राज्य के राजा संजय को सिंहासन पर बैठे हुये कुछ ही दिन हुये थे। नये राजा को कमजोर समझ कर सिंधु देश के राजा ने उस पर हमला कर दिया। दुश्मन की ताकत देख कर संजय रोने लगा।

संजय की माँ रानी विदुला ने अपने बेटे को समझाया कि वह फिर से दुश्मन का सामना करे। किसी भी हाल में रोने की जगह साहस रखना चाहिये। डर कर जीने से मौत बेहतर होती है। राजा का कर्तव्य है कि वह अपनी प्रजा की रक्षा करे।

माँ की प्रेरणा से संजय ने सेना संगठित कर अपने राज्य को बचाया।

शब्द सूची

कमजोर	weak	राजा	king
कर्तव्य	duty	राज्य	kingdom
डर	fear	संगठित	organize
दुश्मन	enemy	समझाया	explain
प्रजा	subjects	सामना	face
प्रेरणा	inspiration	साहस	bravery
बचाया	saved	सिंहासन	throne
बेहतर	better	सेना	army
मौत	death	हमला	attack
रक्षा	protect	हाल	situation

विदुला

1. संजय कहाँ का राजा था?

_____

_____

_____

_____

2. संजय के राज्य पर किसने हमला किया था?

_____

_____

_____

विदुला

3. राजा का कर्तव्य क्या होता है?

_____

_____

_____

_____

4. रोने की जगह क्या करना चाहिये?

_____

_____

_____

विदुला

5. नीचे दिये हुये गोलों को ऐसे भरो कि हर नाम संजय से वह रिश्ता रखे जो उससे जुड़े गोले में है।

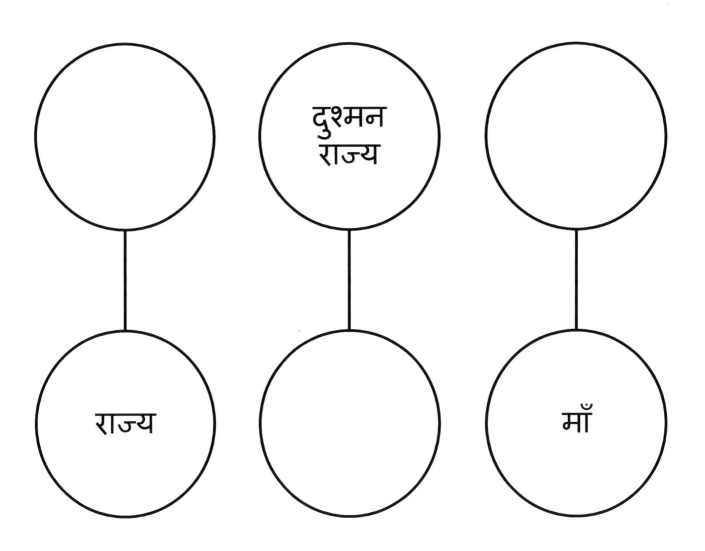

विदुला

6. नीचे दी पहेली में शब्द सूची के कुछ शब्द छुपे हैं। उन शब्दों को खोजो। छुपे शब्दों के यह अर्थ हैं।

1. जिसके पास ताकत ना हो
2. जो काम करना चाहिये
3. डर का उल्टा मतलब वाला शब्द
4. जो लड़ाई कर रहा हो
5. जीवन का अंत
6. जहाँ राजा बैठता है

क	क	जो	श्म	म	व्य	जो	मौ	क	म
र्त	म	दु	म	क	म	जो	त	व्य	जी
ह	ह	श्म	क	म	जो	र	सा	मौ	व
द	दु	क	र्त	ह	ह	स	का	हा	न
सा	श्म	म	व्य	क	म	सा	ह	स	का
ह	न	ह	म	क	म	ह	जी	न	अं
न	ह	स	सिं	हा	स	न	व	सा	त
दु	श्म	म	व्य	जो	मौ	क	मौ	व	वा

चाणक्य

मगध राज्य का राजा महानंद बहुत ही शक्तिशाली था। उसकी बलवान सेना का वर्णन सुन कर विश्व विजयी सिकंदर की सेना भी वापस लौट गई थी।

एक दिन महानंद की सभा में चाणक्य नाम का एक गरीब पंडित आया। वह बहुत ही कुरूप था। घमंडी महानंद उस की बदसूरती पर हंसने लगा।

इस अपमान से नाराज होकर चाणक्य ने शपथ ली कि वह नंद को हटा कर मगध में दूसरे राजा को बैठायेगा। इस असम्भव सी बात पर महानंद और भी हंसा। पर चाणक्य ने अपनी बुद्धिमानी से यह प्रतिज्ञा पूरी कर ही डाली।

शब्द सूची

अपमान	insult		बुद्धिमानी	intelligence
असम्भव	impossible		वर्णन	description
कुरूप	ugly		विजयी	conquering
गरीब	poor		विश्व	world
घमंडी	arrogant		शक्तिशाली	strong
नाराज	angry		शपथ	oath
पंडित	scholar		सभा	court
प्रतिज्ञा	oath		सिकंदर	Alexander
बदसूरती	ugliness		हंसने	laugh

चाणक्य

1. महानंद कहाँ का राजा था?

_____

_____

_____

2. चाणक्य को देखकर महानंद क्यों हंस रहा था?

_____

_____

_____

चाणक्य

3. सिकंदर की सेना क्यों लौट गई थी?

_____

_____

_____

_____

4. चाणक्य की शपथ पर महानंद क्यों हंसा था?

_____

_____

_____

चाणक्य

5. चाणक्य ने क्या शपथ ली थी?

_____

_____

_____

_____

_____

_____

_____

चाणक्य

6. शब्दसूची से शब्द लेकर गोलों को ऐसे भरो कि हर गोले और उससे जुड़े हुये चौकोर में एक ही मतलब वाले शब्द हों।

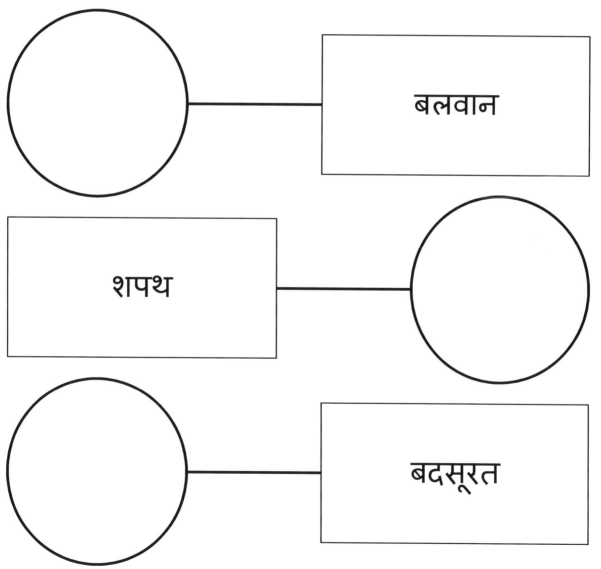

चंद्रगुप्त

राजा महानंद का एक विरोधी चंद्रगुप्त मौर्य नाम का युवक था। उसने सेना जुटा कर मगध की राजधानी पर हमला किया पर वह हार गया। चंद्रगुप्त मुश्किल से जान बचा कर पास के जंगल में छुप गया।

चंद्रगुप्त ने नाम बदल कर एक बुढ़िया की झोपड़ी में शरण ली। बुढ़िया ने उसे खाने के लिये खिचड़ी दी। भूखे चंद्रगुप्त ने खिचड़ी में हाथ डाला। पर गरम खिचड़ी से उसका हाथ जल गया। चंद्रगुप्त ने अपना हाथ वापस खींच लिया।

बुढ़िया यह देख कर हंसने लगी। उसने कहा – "बेटा, तुम तो चंद्रगुप्त जैसे मूर्ख लग रहे हो।"

चंद्रगुप्त

चंद्रगुप्त को डर लगा कि बुढ़िया ने उसे पहचान लिया है। उसने बुढ़िया से विनम्रता से पूछा – "माँ, तुम ऐसा क्यों कह रही हो?"

बुढ़िया ने उसे समझाया – "खिचड़ी थाली के बीच में गरम है पर कोनों पर ठंडी होती है। तुमने थाली के बीच में हाथ डाला तो तुम्हारा हाथ जल गया। अगर तुम कोने से खाते तो हाथ नही जलता। चंद्रगुप्त भी मगध की राजधानी पर, जहाँ महानंद की पूरी सेना है, हमला कर रहा था। अगर वह राज्य की सीमा पर हमला करता तो शायद जीत जाता।"

चंद्रगुप्त को अपनी गलती समझ में आ गई।

शब्द सूची

कोनों	edges		मुश्किल	difficulty
खिचड़ी	a rice dish		मूर्ख	fool
गलती	mistake		युवक	young man
जंगल	forest		राजधानी	capital
जान	life		विनम्रता	politeness
झोपड़ी	cottage		विरोधी	opponent
ठंडी	cool		शरण	shelter
थाली	plate		सीमा	border
बुढ़िया	old woman		हमला	attack

चंद्रगुप्त

1. चंद्रगुप्त कहाँ के राजा का विरोधी था?

_____

_____

_____

_____

2. चंद्रगुप्त ने कहाँ हमला किया था?

_____

_____

_____

चंद्रगुप्त

3. चंद्रगुप्त ने कहाँ पर शरण ली थी?

_____

_____

_____

_____

4. चंद्रगुप्त को खाने के लिये क्या मिला था?

_____

_____

_____

चंद्रगुप्त

5. चंद्रगुप्त ने बुढ़िया से क्या सीखा?

_____

_____

_____

_____

_____

_____

_____

चंद्रगुप्त

गरम	जंगल	झोपड़ी	ठंडी	राजधानी

उपर दिये हुये शब्दों से नीचे दिये हुये वाक्यों को पूरा करो।

6. चंद्रगुप्त ने मगध की —————— पर हमला किया।

7. चंद्रगुप्त हार कर —————— में छुप गया।

8. चंद्रगुप्त ने बुढ़िया की —————— में शरण ली।

9. खिचड़ी थाली के बीच में —————— होती है।

10. खिचड़ी थाली के कोनों पर —————— होती है।

चंद्रगुप्त

11. कहानी से शब्द लेकर हर चौकोर को ऐसे भरो कि चौकोर और उससे जुड़े हुये गोले में उलटे मतलब वाले शब्द हों।

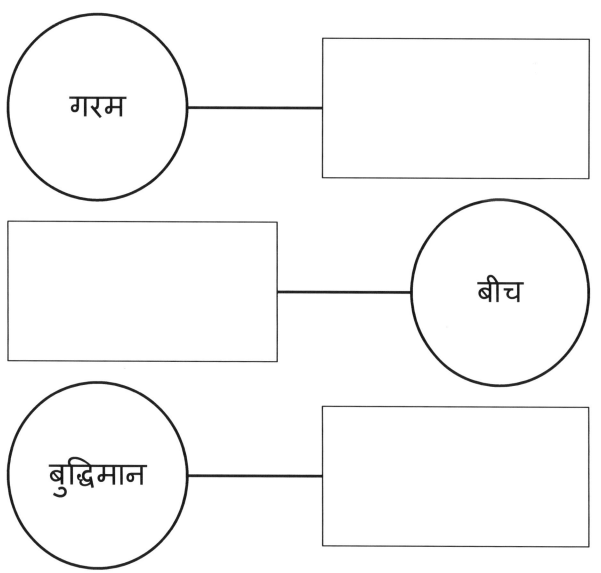

अशोक

चंद्रगुप्त और चाणक्य ने मिल कर महानंद को हरा दिया। चाणक्य की चतुराई और चंद्रगुप्त के पराक्रम से लगभग पूरे भारत पर उनका अधिकार हो गया।

चंद्रगुप्त के पोते अशोक ने राज्य को और बढ़ाया। सिंहासन पर बैठते समय वह बेरहम और लड़ाकू था। पर युद्ध के खूनखराबे से दुखी होकर अशोक ने अहिंसा की नीति को अपना लिया। उसने शान्ति और मानवता को बढ़ावा दिया।

कुछ समय के बाद अशोक ने बौद्ध धर्म को अपना कर उसका प्रचार कई देशों में किया। उसने कई अस्पताल, पाठशाला और सड़कें भी बनवाईं।

शब्द सूची

अधिकार	control	बढ़ाया	expanded
अपना	adopted	बढ़ावा दिया	encouraged
अस्पताल	hospitals	बेरहम	hard heated
अहिंसा	non-violence	बौद्ध धर्म	Buddhism
खूनखराबे	bloodshed	मानवता	humanity
चतुराई	cleverness	युद्ध	war
नीति	policy	लगभग	approximate
पराक्रम	valor	लड़ाकू	warlike
पाठशाला	schools	शान्ति	peace
पोते	grandson	सड़कें	roads
प्रचार	spread	सिंहासन	throne

अशोक

1. अशोक और चंद्रगुप्त मौर्य में क्या रिश्ता था?

_____

_____

_____

_____

2. किसका राज्य ज्यादा बड़ा था -अशोक या चंद्रगुप्त?

_____

_____

_____

अशोक

3. सिंहासन पर बैठते समय अशोक कैसा था?

_____

_____

_____

_____

4. खूनखराबे से दुखी अशोक ने क्या नीति अपनाई?

_____

_____

_____

अशोक

अहिंसक	चतुर	पराक्रमी

5. उपर वाले शब्दों से चौकोरों को ऐसे भरो कि हर चौकोर जुड़े हुये गोले के आदमी का गुण बताये।

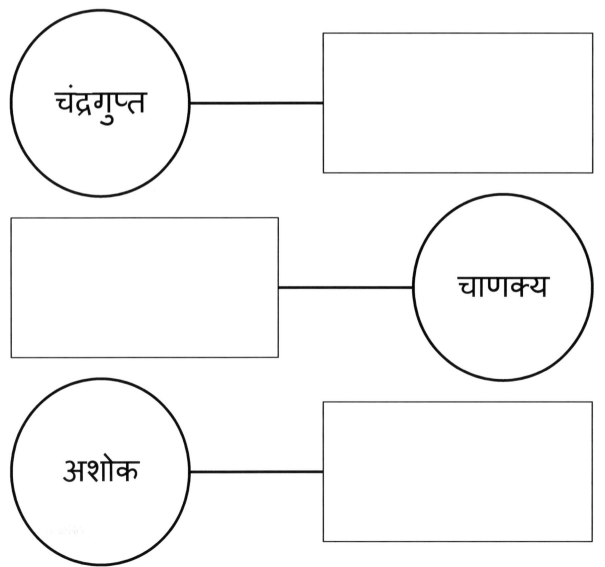

Answers

उत्तर

भरत

1. भारत शब्द का मतलब "भरत की संतान" है।

2. भरत पुराने समय के एक राजा थे।

3. भरत का राज हिमालय पर्वत से लेकर समुंदर तक फैला हुआ था।

4. महाराज का मतलब "महान राजा" होता है।

5.
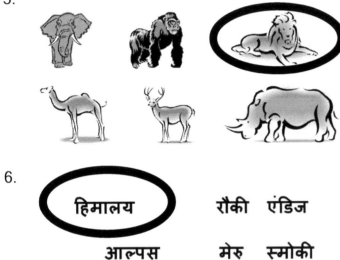

6.

हिमालय   रौकी   एंडिज

आल्पस   मेरु   स्मोकी

7. भरत की **संतान** को भारत कहते हैं।

8. भरत **पुराने** समय में राजा थे।

9. महाराज भरत बहुत ही **वीर** थे।

10. भरत के राज्य में **हिमालय** पर्वत था।

11. बचपन में भरत शेर के **दांत** गिनते थे।

मनु

1.

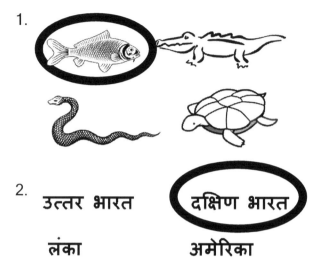

2.

उत्तर भारत **दक्षिण भारत**

लंका **अमेरिका**

3. मानव शब्द का मतलब "मनु की संतान" है।

4. मनु ने एक मछली को पाला था।

5. मछली बहुत बड़ी हो गई थी।

6. मनु के अलावा बाढ़ से श्रद्धा बची थी।

7. 1-II , 2-I , 3-V , 4-IV , 5-VI , 6-III.

छोटी	--	बड़ी
पूर्वज	--	संतान
दझिण	--	उत्तर
स्त्री	--	पुरुष
कुछ	--	सब
बाढ़	--	सूखा

पृथु

1. हमारे ग्रह का नाम पृथ्वी राजा पृथु की वजह से है।

2. दुनिया के पहले राजा पृथु थे।

3. महाराज पृथु ने जमीन को समतल कर के प्रजा को खेती करना सिखाया। उन्होने समाज के पहले नियम बनाये और आने जाने के लिये रास्ते बनाये। उन्होने तीर और धनुष का आविष्कार भी किया था।

4.

5.

सावित्री

1. सावित्री एक सुंदर राजकुमारी थी।

2. सावित्री के पति का नाम सत्यवान था।

3. सावित्री के पति लकड़हारे का काम करते थे ।

4. अपने साहस, चतुराई और पति प्रेम के लिये सावित्री को एक महान नारी माना जाता है।

5.

6.

राम

1. राम के पिता दशरथ थे।

2. राम की पत्नी का नाम सीता था।

3. राम को वन में चौदह साल तक रहना पड़ा था।

4. सीता को रावण उठा कर ले गया था।

5.

6.

अयोध्या   वन

लंका   कैकय

7. 1-II , 2-V , 3-IV , 4-III , 5-VI , 6-I.

राम की पत्नी   --   सीता

राम की सौतेली माँ--   कैकेयी

राम के पिता   --   दशरथ

राम के भाई   --   लक्ष्मण

राम के सहायक   --   बंदर

राम का दुश्मन   --   रावण

वाल्मिकी

1. वाल्मिकी नदी की तरफ नहाने के लिये जा रहे थे।

2. वाल्मिकी को चिड़ियों का एक जोड़ा दिखाई दिया।

3. वाल्मिकी को चिड़े के मरने से दुःख हुआ।

4. वाल्मिकी ने रामायण लिखी थी ।

5.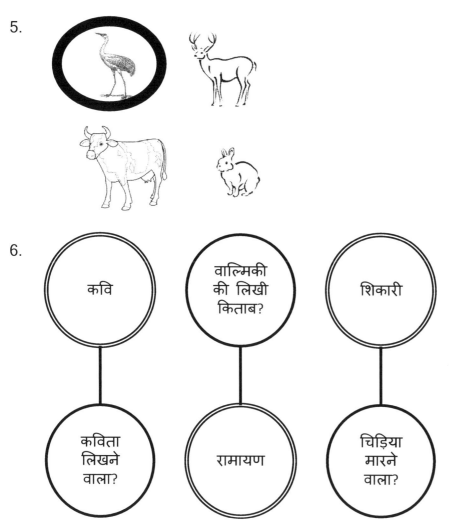

6.

कवि	वाल्मिकी की लिखी किताब?	शिकारी
कविता लिखने वाला?	रामायण	चिड़िया मारने वाला?

सिद्धार्थ

1. सिद्धार्थ महल के बगीचे में टहल रहे थे।

2. हंस आसमान से तीर लगने पर गिरा था।

3. मारने वाले से अधिक हक बचाने वाले का होता है। इसलिये राजा ने हंस सिद्धार्थ को दे दिया।

4.

5.

रा	ज	ह	थि	र	दे	त्त	झ	ग	ड़
ज	दे	थि	या	र	सि	द्धा	ह	थि	रा
दे	दे	या	सि	द्धा	र्थ	या	द्धा	सुं	ज
व	व	कु	द	र्थ	र	व	ह	द	कु
द	द	मा	र	व	ह	थि	या	र	मा
क	त्त	र	क	द	क	सि	द्धा	मा	र
द्धा	सुं	ज	व	त्त	ह	थि	या	द	कु
या	द	हं	स	या	ह	झ	ग	ड़	ने

बोपदेव

1. गुरु ने बोपदेव को डांट दिया था, इसलिये बोपदेव गुरु के घर से भागा था ।

2. बोपदेव थक कर कुयें के पास बैठा था ।

3. बोपदेव ने औरत से सीखा कि मुलायम रस्सी से कठोर पत्थर कट जाता है। लगातार मेहनत करने से कठिन काम भी हो जाता है।

4.

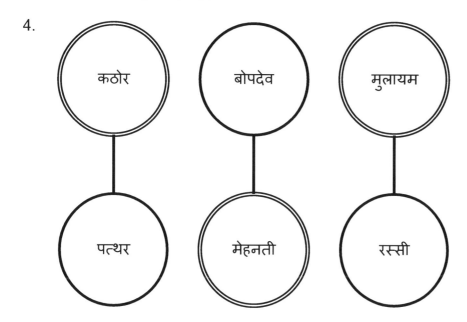

पतंजली

1. पतंजली सागर किनारे घूम रहे थे।

2. पतंजली को घूमते समय एक सड़ा नारियल मिला।

3. पतंजली ने सागर से सीखा कि आदमी को अपने मन से छोटी खराबी को भी निकाल फेंकना चाहिये।

4.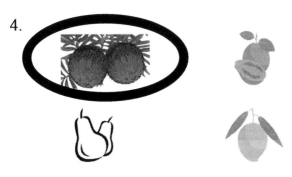

5.

6. 1-VI , 2-II , 3-V , 4-III , 5-IV , 6-I.

हर खराबी को	--	निकाल फेंकना चाहिये
सागर का किनारा	--	सागरतट
जाना माना इंसान	--	प्रसिद्ध
पानी का उतार चढ़ाव	--	लहर
पानी का बड़ा इलाका	--	सागर
सुंदरता बिगाड़ने वाला	--	सड़ा नारियल

कृष्ण

1. मथुरा और गोकुल के बीच में यमुना नदी है।

2. कृष्ण को नंद और यशोदा ने पाला था।

3. कंस ने किसी ज्योतिषी की बात मान ली, इसलिये वह मूर्ख था। उसने अपनी बहन को कैदी बना लिया, इसलिये वह क्रूर था।

4. वसुदेव ने कृष्ण को गोकुल में छोड़ा ताकी वह कंस से बचा रहे।

5.

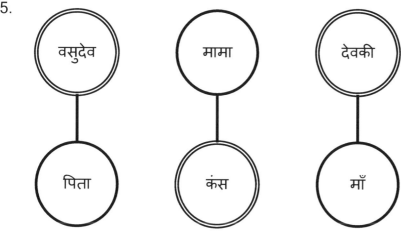

6. 1-III , 2-V , 3-IV , 4-VI, 5-II , 6-I.

कंस की बहन	--	देवकी
मथुरा के पास की नदी	--	यमुना
नंद का काम	--	गाय पालना
नंद की पत्नी	--	यशोदा
कंस को हराने वाला	--	कृष्ण
देवकी का पति	--	वसुदेव

7.

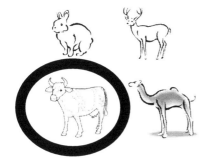

विदुला

1. संजय सौवीर का राजा था।

2. संजय के राज्य पर सिंधु देश के राजा ने हमला किया था।

3. राजा का कर्तव्य होता है कि वह अपनी प्रजा की रक्षा करे।

4. रोने की जगह साहस रखना चाहिये।

5.

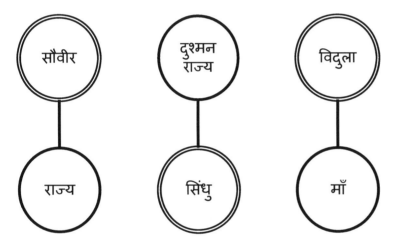

6. 1. कमजोर 2. कर्तव्य 3. साहस 4. दुश्मन 5. मौत 6. सिंहासन

क	क	जो	श्म	म	व्य	जो	मौ	क	म
र्त	म	दु	म	क	म	जो	त	व्य	जी
ह	ह	श्म	क	म	जो	र	सा	मौ	व
द	दु	क	ते	ह	ह	स	का	हा	न
सा	श्म	म	व्य	क	म	सा	ह	स	का
ह	न	ह	म	क	म	ह	जी	न	अं
न	ह	स	सिं	हा	स	न	व	सा	त
दु	श्म	म	व्य	जो	मौ	क	मौ	व	वा

चाणक्य

1. महानंद मगध का राजा था।

2. चाणक्य की कुरूपता को देखकर महानंद हंसा था।

3. सिकंदर की सेना महानंद की बलवान सेना से डर कर लौट गई थी।

4. चाणक्य की शपथ असम्भव सी थी, इसलिये महानंद हंसा था।

5. चाणक्य ने नंद को हटा कर मगध में दूसरे राजा को बैठाने की शपथ ली थी।

6.

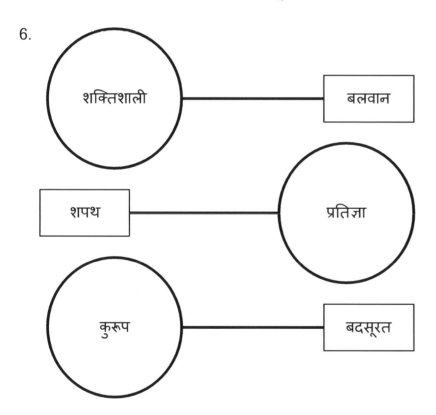

चंद्रगुप्त

1. चंद्रगुप्त मगध के राजा का विरोधी था।

2. चंद्रगुप्त ने मगध की राजधानी पर हमला किया था ।

3. चंद्रगुप्त ने बुढ़िया की झोपड़ी में शरण ली थी।

4. चंद्रगुप्त को खाने के लिये गरम खिचड़ी मिली थी।

5. चंद्रगुप्त ने बुढ़िया से सीखा कि उसे मगध की राजधानी से पहले सीमा पर अधिकार करना चाहिये।

6. चंद्रगुप्त ने मगध की **राजधानी** पर हमला किया।

7. चंद्रगुप्त हार कर **जंगल** में छुप गया।

8. चंद्रगुप्त ने बुढ़िया की **झोपड़ी** में शरण ली।

9. खिचड़ी थाली के बीच में **गरम** होती है।

10. खिचड़ी थाली के कोनों पर **ठंडी** होती है।

11.

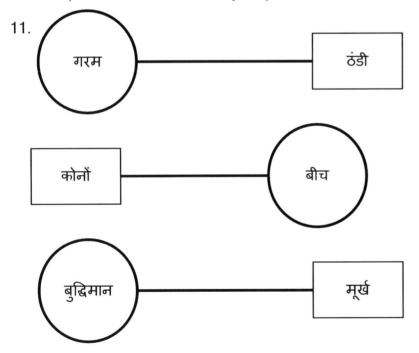

अशोक

1. अशोक चंद्रगुप्त का पोता था।

2. अशोक का राज्य ज्यादा बड़ा था।

3. सिंहासन पर बैठते समय अशोक बेरहम और लड़ाकू था।

4. अशोक ने अहिंसा की नीति अपनाई।

5.

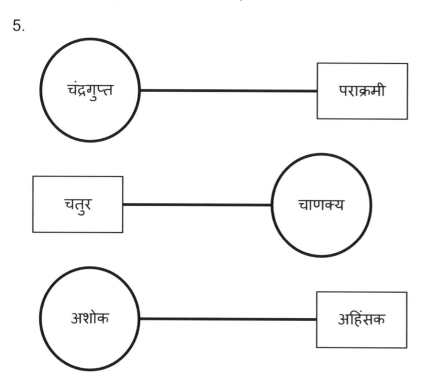

Chanda Books Publications

Introductory Hindi:
- Hindi Alphabet Book
- Hindi Children's Alphabet Book
- Hindi Children's Book of Colors
- Hindi Children's Book of Animals
- Hindi Children's Book of Flowers
- Hindi Children's Book of Fruits

Level 1 Hindi:
- Aamoo the Aam
- Aamoo the Aam – Part II
- Aamoo the Aam – Part III
- Hindi Children's Book Level 1 Easy Reader – Aamoo the Mango

Level 2 Hindi:
- Tara Sitara
- Tara ke Kisse
- Hindi Children's Book Level 2 Easy Reader – Tara the Star

Level 3 Hindi:
- Sonu ke kisse
- Sonu ke Afsane
- Sonu ke Tyohar
- Hindi Children's Book Level 3 Easy Reader
- Hindi Nursery Rhymes
- Hindi Children's Book: Word Puzzles

Hindi Activity Books:
- Learn Hindi Alphabet Activity Workbook
- Learn Hindi Writing Activity Workbook
- Learn Hindi Matras Activity Workbook
- Learn Hindi Vocabulary Activity Workbook
- Learn Hindi Grammar Activity Workbook
- Hindi Activity Workbook
- Learn Hindi Comprehension Level 1 Activity Workbook

Bengali Activity Books:
- Learn Bengali Alphabet
- Learn Bengali Writing
- Learn Bengali Vocabulary

Chanda Books Publications

Alphabet Books in Indian Languages:
• Bengali Alphabet Book
• Gujarati Alphabet Book
• Marathi Alphabet Book
• Punjabi Alphabet Book
• Tamil Alphabet Book
• Urdu Alphabet Book

Punjabi Activity Books:
• Learn Punjabi Alphabet
• Learn Punjabi Writing
• Learn Punjabi Vocabulary

Tamil Activity Books:
• Learn Tamil Alphabet
• Learn Tamil Writing
• Learn Tamil Vocabulary

Urdu Activity Books:
• Learn Urdu Alphabet Activity Workbook
• Learn Urdu Writing Activity Workbook
• Learn Urdu Vocabulary Activity Workbook

Urdu Easy Readers:
• Urdu Children's Book Level 1 Reader: Aamoo the Aam
• Urdu Children's Book Level 2 Reader: Tara Sitara
• Urdu Children's Book Level 3 Reader: Sonu ke kisse

Indian Culture Activity Books:
• Hinduism for Children Activity Workbook
• Indian Festivals Activity Workbook
• India for Kids: States of India

Other Subjects:
• Bhajan Ganga
• Indian Culture Stories: Sanskar
• South Asian Immigration Stories

Chanda Books

chandabooks.com

Printed in Great Britain
by Amazon